BEI GRIN MACHT SICH IHR WISSEN BEZAHLT

AF145661

- Wir veröffentlichen Ihre Hausarbeit,
  Bachelor- und Masterarbeit

- Ihr eigenes eBook und Buch -
  weltweit in allen wichtigen Shops

- Verdienen Sie an jedem Verkauf

Jetzt bei www.GRIN.com hochladen und kostenlos publizieren

Bibliografische Information der Deutschen Nationalbibliothek:

Die Deutsche Bibliothek verzeichnet diese Publikation in der Deutschen National-
bibliografie; detaillierte bibliografische Daten sind im Internet über http://dnb.d-
nb.de/ abrufbar.

Impressum:

Copyright © 2014 GRIN Verlag
Druck und Bindung: Books on Demand GmbH, Norderstedt Germany
ISBN: 9783668676992

Dieses Buch bei GRIN:

https://www.grin.com/document/418690

Ümran Düser

"Brave new world" von Aldous Huxley. Eine Analyse und Interpretation

GRIN Verlag

GRIN - Your knowledge has value

Der GRIN Verlag publiziert seit 1998 wissenschaftliche Arbeiten von Studenten, Hochschullehrern und anderen Akademikern als eBook und gedrucktes Buch. Die Verlagswebsite www.grin.com ist die ideale Plattform zur Veröffentlichung von Hausarbeiten, Abschlussarbeiten, wissenschaftlichen Aufsätzen, Dissertationen und Fachbüchern.

Besuchen Sie uns im Internet:

http://www.grin.com/

http://www.facebook.com/grincom

http://www.twitter.com/grin_com

Brave new world- Aldous Huxley

Analyse und Interpretation

Spezialisierungsseminar: SciFi - Science Fiction als politische Utopie - Imagekonstruktion im Spannungsfeld von Europa und den Nationalstaaten (Diss.)

WIEN 2014

Inhaltsverzeichnis

1) Einleitung

Das Werk ‚Brave new world', der eine allzu perfekte Gesellschaftsordnung anstrebt, wurde von Aldous Huxley im Jahre 1931 verfasst. Aldous Huxley hat ein Werk voller Doppeldeutungen, Wortspielen und einer interessanten Zukunftsaussicht geschaffen, somit gibt es gute Gründe sich mit dem berühmten Werk auseinanderzusetzen.

Als Huxley diesen Text schrieb, befürchtete er, dass sein düsterer Roman, dessen Handlung er etwa 600 Jahre in die Zukunft gesetzt hatte, schon innerhalb eines Jahrhunderts Wirklichkeit werden könnte.

Die ‚Schöne neue Welt', die Huxley in diesem Roman beschreibt, ist die Welt einer konsequent verwirklichten Wohlstandsgesellschaft ‚im Jahre 632 nach Ford', einer Wohlstandsgesellschaft, in der alle Menschen am Luxus teilhaben, in der Unruhe, Elend und Krankheit überwunden, in der aber auch Freiheit, Religion, Kunst und Humanität auf der Strecke geblieben sind. Eine totale Herrschaft garantiert ein genormtes Glück. In dieser vollkommen ‚formierten' Gesellschaft erscheint jede Art von Individualismus als ‚asozial', wird als ‚Wilder' betrachtet.

Brave New World ist ein totalitäres, aber nicht im primären Sinne gewalttätiges politisches System und seine gegenüber dem Einzelnen erbrachten „Leistungen" sind für uns in jeder Hinsicht - sei es, was die genetische Kontrolle, die sexuelle Freiheit, den Kampf gegen das Altern, finanzielle und berufliche Sicherheit oder die Freizeitkultur betrifft - ein Paradies. Es scheint haargenau die Welt zu sein, die wir anstreben, wenn auch bisher noch ohne Erfolg.

Huxleys Roman ermöglicht den Blick in einen Spiegel denn die Prinzipien seines Staates sind, von den seiner Zeit nicht verschieden. Als Leser fühlt man sich leicht ertappt, denn viele der beschriebenen Annehmlichkeiten hat sich jeder schon einmal gewünscht und zugleich stellt der Roman zu keinem Zeitpunkt in Frage, dass die dargestellte Welt eine grausame, menschenverachtende Horrorvision ist, in der das Individuum sein Dasein trostlos fristet.

Nach der Einleitung gliedert sich die Arbeit einen allgemeinen Teil, in dem die Biographie und der Inhalt kurz beschrieben werden. Danach folgen drei wichtige Teile, der erste bietet einen Zugang in die ausgewählte Sprache des Autors, der nächste analysiert bestimmte Begriffe, welche im Werk eine wichtige Rolle spielen, der letzte

Teil besteht aus der Analyse des Vorwortes Huxleys, den er im Jahre 1946 verfasst hatte.

Die Schlussfolgerung bzw. der Rückblick bestehen aus der Zusammenfassung der Arbeit sowie des Werkes. Außerdem besteht dieser Teil aus eine Stellungnahme, in dem über unsere Meinungen und Kritiken zum Werk selbst geschrieben wurde.

Das Quellenverzeichnis wurde in die Primär- und Sekundärliteratur unterteil. Dabei basiert die schriftliche Arbeit auf die Primärliteratur. Die Sekundärliteratur wurde zur besseren Begriffsbestimmung aber auch zur Ergänzung herangezogen.

2) Der Autor-Aldous Huxley

Aldous Huxley wurde am 26. Juli 1894 in England geboren. Er besuchte das Elton College. Aufgrund einer Augenkrankheit muss er sein Vorhaben Biologie oder Medizin zu studieren aufgeben. Sein Interesse besteht auch nach dem Wiedererlangen bestimmter Sehkraft und ist in seinen literarischen Werken zu sehen, besonders in ‚Brave new world'. Aufgrund seiner Behinderung wird er nicht zum Fronteinsatz im Ersten Weltkrieg eingezogen.

1913 nimmt er mit der ausreichenden Wiederherstellung seiner Sehkraft das Literaturstudium in Oxford auf, das er 1916 mit Auszeichnung abschließt. 1919 heiratet er die Belgierin Maria Nys und reist in den folgenden Jahren um die Welt, lebt hauptsächlich in der Nähe von Florenz in Italien. Er verfasst Reiseberichte, die von dieser Zeit berichten. In den folgenden Jahren erscheinen in dichter Folge weitere Romane und Erzählsammlungen. 1931 schreibt er innerhalb von vier Monaten den dystopischen Roman ‚Brave new world', welcher 1932 erscheint und in dem er seine 1926 in den USA gemachten Erfahrungen und Reflexionen Europas satirisch verarbeitet. Nach dem Welterfolg seiner zum Sprichwort gewordenen Romans zog er 1937 nach Kalifornien. In den 1950er Jahren stellt Huxley Selbstversuche mit der Droge LSD an und wird 1953 Teil eines von Humphry Osmond geleiteten Experiments, das die Wirkung von Mescalin untersucht.

1959 wird er für ‚Brave new world' mit dem *American Academy of Arts and Letters Award of Merit* ausgezeichnet. Huxley starb am 22. November 1963 in Los Angeles an Kehlkopfkrebs.[1]

3) Das Werk ‚Brave new world'

Aldous Huxleys ‚Brave new world' ist einer der berühmtesten Zukunftsromane des 20. Jahrhunderts. Im Totalitären bei Huxley herrscht keine Bedrohung, hier haben alle Menschen am Luxus teil, leben in der genormten Wohlfühlatmosphäre einer hoch entwickelten Gesellschaft.

Hier sind Elend und Krankheit überwunden, auch die individuelle Freiheit und Kunst ist abgeschafft worden. Ein Wilder, der die längst verbotenen Texte Shakespeares auswendig kennt und sich nach der Neuen Welt sehnte, erlebt eine bittere Enttäuschung, als er erkennt, wie der Staat die Menschen ruhigstellt und ihrem vermeintlichen Glück Stabilität verschafft.[2]

Das Buch ist in 18 Kapitel unterteilt. In der ersten Hälfte des Buches geht es rund um die Beschreibung der zivilisierten Welt. In der zweiten Hälfte versucht der Autor, aufgrund des Vergleichs mit der Reservation, die negativen Perspektiven der anderen Welt stark in den Vordergrund zu stellen. Sobald der Wilde dem Leser detaillierter vorgestellt wird, ergreift er in einer Art und Weise die Sympathie des Lesers und es entwickelt sich eine Anti-Sympathie gegen die andere Welt.

4) Inhalt

‚Gemeinschaftlichkeit, Einigkeit und Beständigkeit', dies ist der Wahlspruch im Jahre 632 nach Ford, in dieser Zeit spielt die Handlung des Romans ab. Die neue Zeitrechnung beginnt 1908 mit Henry Ford, aufgrund seiner Überflutung des Automarkts mit seinem T-Modell, was der Beginn der Massenproduktion durch Fließbandarbeit bedeutete.

---

[1] Aldous, 2013, 357-363.
[2] Ebd., 1.

Huxley nennt diese Welt ‚Utopia', ein erdachtes Land, in dem der gesellschaftliche Idealzustand herrscht. Die Geschichte spielt sich hauptsächlich in Berlin ab.

In diesem Werk wird eine Welt beschrieben, in der Menschen in Luxus leben und jeder aufgrund ihrer Normung mit seinem Gesellschaftsplatz zufrieden ist. Es gibt fünf verschiedene Kategorien der Menschengruppen. Alpha ist die erste Kategorie, die Intelligentesten, danach folgt Beta, Gamma, Delta und schließlich die Kategorie Epsilon, die Halbidioten. Die Embryos dieser einzelnen Kategorien werden in Flaschen und Reagenzgläsern in Brut- und Normzentralen gezüchtet werden. Es gibt eines das jede Kategorie hat, nämlich ihr sexuelles Leben. Für die Menschen gilt es als ein Vergehen, wenn man sich mehrmals mit dem gleichen Partner trifft. Nach der Schlafschulweisheit ist es üblich jeden Tag jemanden anderen zu haben, jeder ist Eigentum des nächsten. Die natürliche Fortpflanzung gilt als primitiv und ekelerregend. Sexuelle Kontakte dienen nur dem Vergnügen und sind ausdrücklich erwünscht, allerdings nur, solange sie nicht zu festen Bindungen führen. Eine Schwangerschaft wird als skandalös empfunden, und jemanden nach seiner Mutter zu fragen, gilt als massive Beleidigung.

Mit bestimmten Aktivitäten, wie Rolltreppenkegelbahnen, elektromagnetischer Golf oder Zentrifugalbrummball, wird die Einsamkeit des Menschen gehindert, denn dieses könnte das Individuum zum Denken anregen. Sobald ein Mensch etwas nicht ertragen kann, flüchtet er mit der Droge Soma aus der Welt. Alle Unzufriedenen und Andersdenkenden werden auf eine Insel ausgegrenzt. Liebe und Individualität spielen auf dieser Welt keine Rolle, genauso wie die Freiheit, Religion und Kunst. Stattdessen hat man eine perfekte Welt geschaffen, in der es keine Krankheiten, keine Kriege, keine Arbeitslosigkeit, keine Leidenschaft, keine Sehnsucht und kein Elend gibt, da diese Unbeständigkeit zur Folge gehabt hätte. Das wäre dem Wahlspruch gegensätzlich.

Die Reservation in Neumexiko ist die einzige Welt, in der zwei Menschen noch aus Liebe heiraten und auf die natürliche Art und Weise ihre Kinder gebären. Hier gibt es die Krankheit, die Religion und die Kunst und Menschen genießen hier ihre Freiheit.

5) Kollektivität, Identität und Stabilität

Dies ist, wie auch schon im vorherigen Kapitel erwähnt, eine Umkehrung und Parodie der demokratischen Ideale der Französischen Revolution, die - in der entsprechenden Reihenfolge - *Fraternity* (Brüderlichkeit), *Equality* (Gleichheit), *Freedom* (Freiheit) lauten. In Utopia wird Gemeinschaftlichkeit an Stelle von Individualität gesetzt. Niemand ist mehr allein, alles wird in der Gruppe gelebt. Der Einzelne gilt nichts mehr, da individuelles Denken das ganze System in Frage stellen könnte. So werden Abweichler und Unzufriedene wie Marx und Helmholtz in die Verbannung geschickt, wo sie keine Gefahr mehr darstellen. Einheitlichkeit ist ebenfalls ein Gegensatz zu Individualität und bedeutet die Aufgabe jeglicher persönlichen Ziele in der Lebensgestaltung, beispielsweise im Beruf und wird als Grundvoraussetzung für das oberste Ziel des Staates, die Beständigkeit, die Stabilität betrachtet.

Wenn alle Menschen gleich sind, welches nicht dasselbe wie nicht gleichberechtigt ist, gibt es nach der Auffassung des World Controllers keine Konflikte mehr, es herrscht Ruhe in der Gesellschaft - eine Art Friedhofsruhe. Der Preis, den die Menschen zahlen müssen, ist hoch. In der Neuen Welt ist kein Platz für Liebe, Familie, Wissenschaft, Religion, Literatur, Kunst oder Geschichte. Am Beispiel Johns zeigt Huxley, wie die völlige Kontrolle des Staates alle Eigeninitiative erstickt und keinen Platz zur persönlichen Entfaltung lässt. Alles im Leben ist vorprogrammiert, die Menschen selber sind vorprogrammiert - nur ahnen sie es nicht. Der Staat setzt alle technischen und psychologischen Mittel ein, um Ordnung und oberflächliche Zufriedenheit, die Ziele, die im Motto formuliert sind, zu erreichen.

Der Unsicherheitsfaktor, der Mensch selber, im Staatsgebilde ist berechenbar, kalkulierbar und damit beherrschbar geworden. Ungefährdet über allen Ahnungslosen thronen die Machthaber und Wissenden, denn nur für sie ist Utopia eine Schöne Neue Welt.

Die Stabilität wird in der von Huxley geschaffenen Gesellschaft rein künstlich erzeugt, nämlich dadurch, dass die künstlich befruchteten und in Kinderheimen aufgezogenen Menschen genau auf ihren Zweck in der Gesellschaft hin konditioniert werden und im Prinzip keine freie Meinung mehr bilden können.

Das zentrale Ziel der Gesellschaft formuliert der ‚Controller' als Stabilität. Dabei handelt es sich sowohl um wirtschaftliche und soziale Stabilität des gesamten Systems als auch um individuelle Stabilität eines jeden Einzelnen. Erreicht wird diese mittels einer konsequenten und systematischen Eugenik, postnataler Konditionierung und Suggestion. Dazu zählen beispielsweise die künstliche Zeugung, das Bokanowsky-Verfahren. Der Staat muss den Menschen mit allen erwähnten Mitteln zum Zweck der sozialen Stabilisierung ganz klar die Freiheit entziehen. Doch die Bewohner dieser Welt empfinden den Mangel an Freiheit nicht, da alles getan wird, um sie von der Retorte an mit und in ihrem Leben zufrieden zu stellen. Sie sind glücklich, weil das universelle Glück ihnen angenormt wurde und das Sklaventum annehmbar macht.

Die Stabilität funktioniert also als logische Konsequenz aus der grundsätzlichen Wertentscheidung für Frieden, Sicherheit, materiellen Wohlstand, Befreiung sowohl von negativen als auch positiven Gefühlen, universelles Glück und Unfreiheit. Es wird keine Entwicklung mehr geben. Die Zukunft ist immerwährende Gegenwart. Deshalb dürfen keine Außenseiter (destabilisierende Individuen) geduldet werden.

Die Identität ist mit der Charakterisierung von Personen verwandt. Sie bezeichnet den Menschen als ein Individuum, welches sich von der Gesamtheit aller anderen Menschen unterscheidet.

Die Masse der Menschen lebt heute nicht anders als sie Huxley uns vorstellt: Sie gehen arbeiten, nutzen Freizeit– und Konsumangebote um ihr Geld wieder los zu werden und trinken viel, regelmäßig und immer dann, wenn ein Loch sich auftut. Ganz auf den Genuss dressiert, vergessen sie das Kinderkriegen und versuchen hilflose, am materiellen orientierte Beziehungen zu führen. Doch die Menschen unserer Zeit berauschen sich nicht allein, um ihre innere Leere zu kompensieren und der Sinnfrage zu entgehen. Sie haben vor allem auch Angst vor ihrer Zukunft. Und dieser Unterschied ist entscheidend, denn Angst ist in der *Schönen neuen Welt* ein Fremdwort. Dort gibt es keinen Grund Angst zu haben; keine Gefahr droht, kein Zusammenbruch des Systems, keine Revolution, kein Krieg. In unserer Welt hingegen gibt es dafür Gründe genug: Vor allem leiden wir daran, dass unsere ganz private kleine Welt zerbrechen könnte, dass sie im Sog des berstenden Systems, zerrieben zwischen Arbeitslosenquote und Rentenloch, untergeht und wir mit Unglück gestraft werden. Menschen in der *Schönen neuen Welt* wollen keinen Sinn, keine Freiheit; sie wollen Sicherheit; eine heile Welt, die funktioniert und funktioniert und immer so fort, ohne dass man fürchten müsste, dass es morgen vorbei sein könnte.

In Wahrheit sehnen sich Menschen unserer Zeit genau eine Welt wie es in der Schönen neuen Welt vorgestellt wird. Je bedrückender und aussichtsloser die Masse der Menschen die je individuelle Wirklichkeit empfindet, desto mehr von ihnen werden bereit sein, neuen Propheten zu folgen und von ihrer Freiheit auf dem Altar der Glücksverheißungen zu opfern; einer Freiheit, mit der sie ohnehin nichts anfangen können, die sie überfordert und unglücklich macht.

6) Analyse der Sprache

Obwohl es diesem Roman viele bedeutungsvolle Passagen und Metaphern gibt, sollte man sich aufgrund der Länge auf die wichtigsten beschränken. In den weiteren Unterkapiteln werden nur Teil bzw. Textpassagen aus dem Werk ausgewählt und diskutiert.

a) Metapher

Bereits das erste Kapitel eignet sich gut zur Untersuchung von Metaphern. Das Motto des Staates "Kollektivität, Individualität und Stabilität"[3], eine böse satirische Verkehrung, ist nicht wörtlich gemeint, sondern vielmehr eine Abnormität des Mottos der französischen Revolution "*Liberté, Egalité et Fraternité*"[4]. Die Freiheit ist längst abgeschafft, Gleichheit und Brüderlichkeit erscheinen angesichts massenproduzierter Bokanowski-Zwillinge als blanker Hohn.[5] Dies wird dem Leser bereits nach der Lektüre des ersten Kapitels klar, da dort der Mensch nicht mehr als Individuum, sondern nur noch als chemisch-biologische Einheit dargestellt wird. Das Individuum wird dem Staat geopfert, so dass das Prinzip "Kollektivität" an erster Stelle steht.

b) Namen der Figuren, Institutionen und Verfahren

Auffallend sind zudem die Namen der Figuren, da die meisten von ihnen eine übertragene Bedeutung aufweisen und viel mit satirischen Hintersinn gewählt und kombiniert worden.

---

[3] Ebd., 7.
[4] Bed. ‚Freiheit, Gleichheit und Brüderlichkeit'.
[5] Aldous, 2013, 12.

Hier wurde beispielsweise das Bokanowski-Verfahren nach dem französischen Politiker Maurice Bokanowski, Minister für Handel, Industrie und Luftfahrt, benannt.[6]

So bedeutet beispielsweise Henry Foster: "*To foster - [...] to help to grow or develop.*"[7] Dieser Name ist folglich eine satirische Kommentierung dessen, was Henry Foster wirklich tut. Der Name wurde nach dem Gründer der Ford Motor Company Henry Ford benannt, dessen Fertigungsmethoden sich als revolutionär erwiesen und der in Huxleys Weltstaat als Gott verehrt wird. Außerdem wird hier der Freund Huxleys Sir Michael Foster, welcher ein Physiologe und der Verfasser des Werkes ,*The Elements of Embryolog*y' im Jahre 1874, hervorgehoben.[8]

Der Name Mustapha Mond wurde nach dem ersten Präsidenten der Republik Türkei Mustafa Kemal genannt. Mond kommt aus dem Französischen "*le monde*" und hier die Bedeutung ,Mann von Welt'[9]. Dies passt zu Mustapha Monds Funktion als "*world-controller*" ebenso wie zu seinem überdurchschnittlichen Wissen[10].

Die Namen Marx und Lenina erinnern an Karl Marx und Lenin und konnotieren somit die zwei Begriffe "Revolutionär" und "Materialismus".

Die Droge Soma wird im anderen Werk „Wiedersehen mit der *Wackeren neuen Welt*" von Huxley wie folgt beschrieben:

„*Das ursprüngliche Soma, von welchem ich den Namen einer unbekannt Pflanze, welche von den arischen Eroberern Indiens bei einem ihrer feierlichsten religiösen Riten verwendet wurde. Der berauschende, aus den Stängeln dieser Pflanze gepresste Saft wurde von den Priestern und Adeligen im Lauf einer umständlichen Zeremonie getrunken. [...] Soma war eine gefährliche Droge [...] Doch das Ergebnis war so überaus beseligend und erleutend, dass das Somatrinken für ein großes Vorrecht gehalten wurde.*"[11]

Ebenso stammt der Begriff des ,*Malthusian Belt*'[12], der zur Verhütung dient, von Thomas Robert Malthus ab, der die Ansicht vertrat, dass "sich die Bevölkerung

---

[6] Ebd. 10, 314.
[7] Imig, 1990, 11.
[8]Aldous, 1990, 314-315.
[9] Bode, 1993, 97; vgl. auch Aldous, 1990, 317-318.
[10]Aldous, 1990, Kapitel 3/16/17.
[11] Ebd. 320.
[12] Ebd. 66.

schneller als die Nahrungsmittelmenge vermehre" (Malthusianismus)[13]. Er empfahl daher eine Beschränkung des Bevölkerungswachstums. Einige Namen stehen folglich stellvertretend für bestimmte politische, philosophische und wirtschaftlich-soziologische Strömungen des 19./20. Jahrhunderts. Es ist offensichtlich, dass alle Namen mit bewusster Ironie vom Autor eingesetzt worden sind. Um Missdeutungen des Lesers zu verhindern, fügte Huxley noch "[...] *nachträglich viele ironische Kommentare und Formulierungen* [...]" ein.[14]

In Huxleys Roman leben die Menschen in einer Utopie. Darunter Utopie versteht man den Entwurf einer idealen Welt, eines Paradieses, in dem die Menschen glücklich und zufrieden zusammenleben. Die Utopie stellt einen "nur in gedanklicher Konstruktion erreichbaren, praktisch nicht zu verwirklichenden Idealzustand von Staat und Gesellschaft" dar. Daher auch die umgangssprachliche Verwendung des Wortes.

Wenn wir Vorschläge oder Pläne als "utopisch" bezeichnen, meinen wir, dass sie zwar wünschenswert, aber nicht realisierbar sind. Viele Utopien zeigen keine praktischen Lösungen auf, sondern sind Satiren, in denen bestehende Verhältnisse durch groteske Übertreibung der Lächerlichkeit ausgesetzt werden. Dieser Gruppe lässt sich wegen seiner parodistischen und satirischen Elemente auch ‚Brave New World' zurechnen.

Das Gegenteil einer Utopie ist die Dystopia. Aldous Huxleys Roman wird als Dystopie bezeichnet, weil in diesem Roman eine zukünftige Welt gezeichnet wird, die abschrecken soll. Huxley warnt vor einem System, das die Menschen in ein oberflächliches Glück eingehüllt, ihrem Leben jedoch in Wahrheit jeglichen Sinn nimmt.

c) Slogans

Bei der Hypnopädie spielen, die vom Staat formulierten Slogans eine bedeutende Rolle. Einige von ihnen lauten: „Schließlich gehört jeder jedem", „Lieber ausmustern als ausbessern" „[...] *Denn ich bin du, und du bist ich*", „*Gerne vergehn wir, um zu genesen, im größeren Reigen des Seins*" und „Drück mich bis zum High, mein Schatz". Diese Slogans beziehen sich inhaltlich auf die Säulen der Stabilität, nämlich auf den Uniformitätsgedanken, der keine Individualität zulässt, die Konsumgesellschaft, Hygiene und künstliche Fortpflanzung sowie auf Soma, das einem das Bewusstsein

---

[13] Der nach Thomas Robert Malthus benannte Bevölkerungs-Theorie, nach der die mögliche Größer der Bevölkerung durch die Menge der verfügbaren Nahrungsmittel begrenzt und bestimmt wird.
[14] Bode, 1993, 95.

für die Vergangenheit, Zukunft und eigentlich auch für die Gegenwart nimmt. Diese Slogans, getarnt als Lebensweisheiten, zeigen, dass der Mensch wirklich in jedem moralisch-sozialen Lebensbereich von Propaganda und Manipulation durchdrungen ist. Die gesamte Gedanken- und Wertewelt basiert auf diesen dümmlichen Sprüchen. Somit löst das uniforme das individuelle Ich ab.

Wenn man die Form der Slogans genauer betrachtet, kann man erkennen, dass sie kurz und präzise und somit sachlich wirken. Andererseits erinnern die Alliterationen an Gedichte. Vordergründig dient die Form dazu, dass man sich die Slogans besser einprägen kann. Um zu überprüfen, ob diese Slogans einer literarischen Güte gerecht sind, muss man Lyrik und Literatur definieren. Doch dies bedarf einer anderen Fragestellung.

Die Slogans prägen einen Menschen so, dass er gerade nicht zurückschauen oder ins Unbekannte vordringen soll und der nicht die Wahrheit oder seine Identität ergründen soll. Im Gegenteil, sie verursachen einen totalen Stillstand, der im Werk auch euphemistisch Stabilität genannt wird. An dieser Stelle könnte man eine Verbindung zum Sprachgebrauch des Autors herstellen, da er durch diese Form der Slogans bewusst Ironie erzeugt und damit die Prinzipien dieser Welt lächerlich macht.

Selbst hochbegabte Außenseiter, wie Helmholtz Watson, können aufgrund der Leere des Lebens in dieser Gesellschaft nichts mit ihren verborgenen Talenten anfangen. Denn was gibt es über das emotionale und geistige Nichts zu sagen? Nichts. Die Menschen in einer Gesellschaft, die die Vergangenheit verloren hat und der es verwehrt ist, in das Unbekannte vorzudringen, sind zu geistiger und kultureller Stagnation bzw. Degeneration verdammt.

7) Analyse bestimmter Begriffe

a) Die Rolle der Wissenschaft

Im Hinblick auf diese modifizierte Vision ist es interessant, dass der Glaube an die Wissenschaft in den letzten Jahrzehnten erheblichen Schaden erlitten hat – zumindest in den industrialisierten Ländern. Das ist in mancher Hinsicht zu bedauern, denn an seine Stelle tritt oft der Glaube an Magie oder irgendeine andere Form von Okkultismus. Manchmal ergeben sich sogar Mischformen: Die Vorstellung, das Wetter per Dekret ändern zu können, ist ebenso ein Glaube an Magie wie die weitverbreitete

Meinung, dass man Geld schadlos aus dem Nichts erzeugen kann. In beiden Fällen kann man nicht mehr von seriöser Wissenschaft reden, sondern nur noch von Zahlenmagie – hinter deren Vorhang so manche üblen Tricks gespielt werden. Doch mit der Schwächung der Wissenschaft ergibt sich zugleich die Chance, ihren gottähnlichen Status zu zerstören, den Huxley identifiziert und kritisiert hat.

Während die Zentralisierungstendenz in der Realität an der Verweigerungshaltung der Alpha-Menschen zu scheitern verspricht, während die Magie-Vorführungen der Elite allmählich als solche entlarvt werden, entstehen in der virtuellen Welt bereits dezentrale Gesellschaften, finden seriöse wissenschaftliche Diskussionen und ehrliche Debatten über Religion statt – neben und unabhängig von der offiziellen Propaganda. Das „Schweigen über die Wahrheit" wird immer häufiger durch respektlosen Lärm gestört. Es ist vielleicht nur noch eine Frage der Zeit, bis sich diese virtuellen Gesellschaften, mangels gangbarer Alternativen, in die Realität übertragen.

Der Mensch in Huxleys Utopie soll sich nur zwischen Arbeit und kollektivem Konsumvergnügen bewegen. Das verhindert seine Isolation. Das verhindert Reflexion. Die Manipulation der Menschen erfolgt folglich neben den politischen ganz klar auch zu wirtschaftlichen Zwecken. So produziert der eugenische Wirtschaftszweig den perfekten Menschen für die *"consumer society"*. Die Eugenik hält die Population stabil, welche wiederum die Wirtschaft stabilisiert, indem sie konsumiert. Dieses *‚principum mobile'* muss reibungslos laufen, damit die Gesellschaft funktioniert. Deshalb gibt es zur Sicherung der Stabilität zusätzlich die Droge Soma. Die Gesellschaft legalisiert diese Droge, um das statische Glück aufrechtzuerhalten. Ein Leben ohne negative Gefühle ist gleichzeitig ein Leben ohne Konflikte. Soma hilft, den Konflikten aus dem Weg zu gehen.

b) Geschichtlichkeit

Für Menschen die in einer Zeit des ständigen Wandels, bekannter Geschichte und ungewisser Zukunft leben und die ihre Gesellschaft immer neuen wissenschaftlichen Erkenntnissen, politischen Gegebenheiten und Weltklimatischen Umständen anpassen müssen ist zeitliches Denken selbstverständlich. Jedermann und jeder Staat hat Vergangenheit, Zukunft und Gegenwart; das aktuelle Verhalten resultiert aus der Biographie und den Projektionen in die Zukunft. Diese Geschichtlichkeit ist bei der schönen neuen Welt abgeschafft worden: Die Beständigkeit des Staates wird durch die Tabuisierung von Sprechen über Vergangenes, die Verbrennung aller zeitgeschichtlichen Dokumente und die Schließung und Vernichtung jeglicher Museen und Denkmäler erreicht. Den Bürgern ist es also nicht möglich zum Beispiel aus Fehlern zu lernen, selbst eine Persönlichkeit zu entwickeln oder ihr Verhalten im Laufe ihres Lebens zu ändern. Äußerlich wird dieser Faktor durch die nicht existente Alterung des Einzelnen deutlich.

Das Wertesystem unserer Gesellschaft, die Weltreligionen und jegliche geisteswissenschaftliche Reflexionen sind in der schönen neuen Welt seit dem „neunjährigen Krieg" Mitte des 21ten Jahrhunderts abgeschafft worden. Der Wirtschaftszusammenbruch, der auf den Weltkrieg folgte, zeigte die scheinbare Zwangsläufigkeit der Abkehr von alten Werten und die Notwendigkeit einer neuen, zeitlosen Ethik. Der Neue „Gott" sind Technik, Arbeitsteilung und Gemeinschaft.

8) Analyse des Vorwortes von Aldous Huxley (1946)[15]

In seinem Vorwort stellt Huxley eine Vermutung auf, wie das totalitäre Regime der Zukunft aussehen könnte. In diesem Staat würden sich die Menschen der Technik und der Naturwissenschaft anpassen und sich ihr unterwerfen. Eine Armee von Managern würde sich eine Bevölkerung von Zwangsarbeitern halten, die ihre Sklaverei lieben würden. Ihnen die Liebe beizubringen, wäre die Aufgabe von Zeitungsredakteuren, Schullehrern und Propagandaministerien.[16]

Zudem müsste eine gewisse wirtschaftliche Sicherheit des einzelnen gewährleistet sein, damit sich jeder im Staate, individuelles Glück, in Form von Konsumgütern, kaufen könne. Es gäbe eine Wirtschaft der Massenproduktion und eine überwiegend besitzlose Bevölkerung, die stets den Wunsch hätte zu konsumieren. In Verbindung mit der Freiheit des Tagträumens und unter dem Einfluss von Rauschmitteln, Filmen und Rundfunk würde die sexuelle Freiheit dazu beitragen, die Bevölkerung, mit ihrem Los, welche die Sklaverei wäre, auszusöhnen.

Dieser Teil der Arbeit basiert auf dem von Uda Strätling ins Englische übersetzte Buch, ‚Schöne neue Welt'. Die Zitate wurden aus dem Vorwort des Autors selbst entnommen und hier analysiert.

---

[15] Huxley, 2013, 298-309.
[16] Ebd., 306-307.

a) Sklaventum

„Die wichtigsten «Manhattan-Projekte» der Zukunft werden breit angelegte, staatlich geförderte Studien dessen sein, was Politiker und Projektwissenschaftler die ‚Glücksfrage' nennen werden- mit anderen Worten, wie man Menschen dazu bringt, ihr Sklavendasein zu lieben."[17]

Mit Manhattan-Projekten meint Huxley, große und bedeutende Projekte gemeint. Im Werk wird das zentrale Ziel der Gesellschaft der ‚*Controller*' als Stabilität formuliert.

Dabei handelt es sich sowohl um wirtschaftliche und soziale Stabilität des gesamten Systems als auch um individuelle Stabilität eines jeden Einzelnen. Erreicht wird diese mittels einer konsequenten und systematischen Eugenik, postnataler Konditionierung und Suggestion. Dazu zählen beispielsweise die künstliche Zeugung, das Bokanowsky-Verfahren

Mit dieser Textpassage meint, Huxley, dass der Staat den Menschen mit allen erwähnten Mitteln zum Zweck der sozialen Stabilisierung ganz klar die Freiheit entziehen muss. Doch die Bewohner dieser Welt empfinden den Mangel an Freiheit nicht, da alles getan wird, um sie von der Retorte an mit und in ihrem Leben zufrieden zu stellen. Damit meint Huxley, dass sie glücklich sind, weil das universelle Glück ihnen angenormt wurde und das Sklaventum annehmbar macht.

Der Staat sieht sich als letzte Instanz nach dem Tod Gottes sie dazu zu berufen, die Menschen zu ihrem Glück zu zwingen.

b) Taylorismus

Wie der Taylorismus wurde damals auch Fords System stark diskutiert. Einige sahen darin das Versprechen von Wohlstand und glaubten, die Formel für Prosperität gefunden zu haben, das aus hohen Löhnen, niedrigen Preisen und Massenproduktion bestehe. Denn Ford, wie auch Taylor, versprach, die Arbeiter am Ertrag zu beteiligen.[18]

Anfang des 20ten Jahrhunderts favorisierte Form der Unternehmensführung, "Arbeiter gehorchen ähnlichen Gesetzen wie Teile einer Maschine" (Taylor). Von den bekannten tayloristischen Prinzipien sind für unsere Betrachtung vor allem die Zergliederung der Arbeitsaufgaben und die Trennung von Kopf- und Handarbeit von Bedeutung.

---

[17] Ebd., 307-308.
[18] Heßler, 2012, 52-54.

Der Staat funktioniert in diesem Roman wie ein gut geöltes Uhrwerk in dem jedermann ein Rädchen ist. Grundlage dieser Sichtweise ist der sogenannte „Taylorismus".

Huxley schreibt 21 Jahre nach der Herausgabe von Taylors Werk ‚*The Principals of Scientific Management*', der 1911 erschien. Der Mittelpunkt der dort entstandenen extrem arbeitsteiligen Welt sind die Prinzipien Fords, die sich im Endeffekt auf den Taylorismus basieren. Huxley gibt in seinem Werk den Geist der mechanistischen Sicht Taylors wieder.[19]

Trotz der sozialen Hierarchisierung, die sich in einer Einteilung der Menschen in fünf Kasten manifestiert, wird die gesellschaftliche Harmonie nicht zerstört: sie wird bereits im embryonalen Stadium mittels mechanischer und chemischer Konditionierung in Retorten und nach dem >Entkorken< durch Suggestionstechniken betrieben. Dadurch wird es möglich, das Problem des Glücks zu lösen, nämlich ‚*das Problem, wie man Menschen dahin bringt, ihr Sklaventum*' zu lieben:

„*Der wirklich effiziente totalitärer Staat wäre der, in dem eine allmächtige Exekutive von Politbossen und ihr Heer von Managern eine Bevölkerung aus Sklaven kontrolliert, die man zu nichts zwingen muss, weil sie ihr Sklavendasein liebt.*"[20]

Es steht außer Frage, dass der Taylorismus Einfluss auf die damalige Lebenswelt hatte. Es wird zu untersuchen sein, ob sie ihn auf unsere noch hat.

Von Henry Ford wurde mit Hilfe der Erfindung des Fließbands diese Entwicklung auf die Spitze getrieben. Ihre Grundpfeiler sind: eine größtmögliche Ausdifferenzierung der Arbeitsschritte und damit Austauschbarkeit von Angestellten, eine Unterscheidung zwischen (dumm zu haltenden) Arbeitern und (kreativ und flexibel denkenden) Unternehmern, Akkordlohn und relativ großzügige Gehälter, die die Arbeiter zu potenziellen Kunden machen sollten.

c) Die Normung der Menschen

„*[…] Denn eine wahrhaft revolutionäre Revolution wird sich nicht in der materiellen Welt vollziehen können, sondern nur in den Seelen und Körpern der Menschen.*"[21]

Hier ist das Ziel der Normung die politische, soziale und totale Beglückung aller Menschen. Niemand soll sich dem Glück entziehen können, da nur das Glück aller die

---

[19] Mamerow, 2012, 8.
[20] Ebd., 2013, 306.
[21] Ebd., 303.

dauernde soziale Stabilität garantiert. Und niemand kann sich dem Glück entziehen, da die Menschen bereits passend für die soziale Rolle gefertigt werden, für die sie vorgesehen sind.

„Um mit Unordnung fertig zu werden, wurde stets Macht zentralisiert und die Kontrolle durch die Regierungen verstärkt."[22]

Der freiwillige Zwang setzt bei der Unerträglichkeit an, die Unordnung und Unübersichtlichkeit für den einfachen Menschen bilden. Die Ersetzung von Unordnung durch Ordnung (oder von Komplexität durch Einfachheit) ist aber nur durch Macht möglich. Also werden Krisen benötigt (und vielleicht vorsätzlich künstlich geschaffen), um sie anschließend zu beseitigen, immer verbunden mit dem Anwachsen und der Akkumulation und Zentralisierung von Macht.

Die Vorgeschichte jedes Totalitarismus liegt in der Normung. Hat das 19. Jh. die Normung von Waren, Dienstleistungen und Produktionsverfahren gebracht und das 20. Jh. die externe Normung des Menschen durch Ideologien, Diktaturen und Gewalt, so sollen künftige Jahrhunderte (vielleicht schon ein einziges, meinte Huxley im Vorwort zur Neuauflage 1946) die interne Normung des Menschen durch Gentechnik, Psychologie und staatlich gesteuerten Drogenmissbrauch bringen.

---

[22] Ebd., 307.

9) Ziel des Autors

Aufgrund dieses Buches scheint für uns beide der Autor Aldous Huxley ein sehr nachdenklicher Mensch. Das begründet sich wahrscheinlich nur deswegen, weil er in einer Zeit gelebt hatte, in der die Welt im Umbruch war. Er hat die zwei Weltkriege selbst miterlebt, auch die Erfindung des T-Modells und die Wirtschaftskrise.

Eine kleine Gruppe von Mächtigen hat die Fortschritte in der wissenschaftlichen Forschung dazu benutzt, ein System zu errichten, in dem die ahnungslose Masse, ohne dass sie es überhaupt merkt, unter Kontrolle gehalten wird, in der alle ideellen Werte aufgehoben sind, wo der Mensch auf seine materielle Existenz reduziert ist, in der es keinen Raum mehr gibt für Schönheit, Freiheit oder Kreativität. Huxley warnt vor einer Welt, die dem Menschen durch die simple Befriedigung primitiver Bedürfnisse und Triebe eine Zufriedenheit suggeriert, ihn in Wahrheit jedoch der Sinnlosigkeit ausliefert.

Unserer Ansicht nach, wollte uns der Autor mit seiner Theorie nur davor warnen, in so einer Welt zu leben. Mit dem Lesen bilden sich zwangsläufig auch Gedanken, ob die Welt einmal so werden wird, damit bringt er dem Leser in die unvorstellbare Welt nahe. Faszinierend ist es schon, dass der Autor eigentlich sehr viel schon damals in den 1930er Jahren hervorgesehen hatte, was zum Teil heutzutage schon eingetroffen ist.

Huxley lässt in seinem Werk bewusst Fragen unbeantwortet um den Leser zum Denken anzuregen. Aufgrund dessen ist auch das Buch noch aktueller denn je. In diesem Buch ist die Gentechnik eigentlich die Basies für das Entstehen von Leben. Vielleicht beabsichtigte er schon damals uns vor dessen Etablierung zu warnen?

Durch Interpretationen und Forschungen am Werk hat man herausgefunden, dass Huxley mit keiner der beiden Welten, im Werk, zu identifizieren ist. [23]

Huxley scheint somit also eine Schrift gegen den in seiner Zeit aufkommenden Hedonismus, das Bildungssystem und die Freizeitkultur verfasst zu haben. Dies eventuell mit der Absicht, eine Reflexion über die „eigentlichen und individuellen" Ziele beim Einzelnen zu provozieren und eine Würdigung der Charakter und Persönlichkeitsbildenden Erfahrungen (Misserfolge, intensive Gefühle, Verzicht, Verantwortung etc.) zu erreichen.

---

[23]Bode, 1993, 109.

Schlussendlich will der Autor mit seinem Werk uns zum Nachdenken herausfordern und fordert außerdem uns Menschen auf, unsere Welt positiv zu verändern.

10)   Schlussfolgerung

Unser erster Eindruck zum Werk ‚Brave new world' von Aldous Huxley ist, dass es trotz der Verfassung in den frühen dreißiger Jahren, sich noch immer als eines von den aktuellsten Werken auszeichnet. Er regt mit seinen offenen Fragestellungen, aber auch mit der endgültig technisierten und geordneten Welt jemanden zum Nachdenken an. Dieses Werk umfasst unserer Meinung nach auf keinen Fall einen einfachen Lesestoff, zu dem es auch ein Roman ist und keinem anderen ähnelt, im Gegenteil es ist an manchen Stellen sehr schwer zu verstehen. Abgesehen davon gibt es aber auch genügend Textstellen, in denen eine Beschreibung etwas zu sehr in die Länge gezogen wird.

Man muss schon sagen, dass manches im Buch übertrieben wird, wie beispielsweise, dass Mütter ihre Kinder nicht selbst gebären. Somit ist dieses Kategoriensystem auch etwas überspitzt. Allerdings ist es nicht zu überschätzen, denn wir sind schon am besten Weg dazu, dass immer mehr Menschen in ihrem Leben keine Ehe mehr schließen. Viele sehen ihren jeweiligen Beziehungspartner nur als Lebensabschnittspartner, der zu einer bestimmten Zeit kommt und geht, die Leidtragenden einer Trennung sind dann im Endeffekt die Kinder.

Auch in Hinblick auf die Religion ist die Gesellschaft auf den besten Weg dazu, so zu werden wie in der zivilisierten Welt nach Huxley. Heutzutage gibt es leider andere Wertvorstellungen, wie beispielsweise die Schönheit oder das Geld. Die vorgestellte Welt Huxleys, in der jeder Mensch glücklich und zufrieden lebt, scheint unmöglich aber zugleich auch der Traum jedes Individuums zu sein. Aber wenn es nur das Gute auf der Welt geben würde, hätte die Bedeutung des Schlechten nicht mehr und könnte auch nicht unterschieden werden. Daraus leitet sich die Frage, ob die im Buch vorgestellten Menschen die Bedeutung des Glücklichseins erkennen oder ob sie das Leben leben, das ihnen zugeschrieben bzw. auserwählt wurde? Sie können nicht in Depression verfallen oder traurig sein, wenn dann nehmen sie Drogen und genießen ihren Urlaub.

Hier ist es nicht zu übersehen, dass Huxley außer Acht gelassen hat, dass Drogen auch psychische Schäden hervorrufen können und ihren Zweck im Endeffekt nicht erfüllen. Hierbei sollte angedeutet werden, dass Huxley selbst bis zu seinem Tod Drogen konsumiert hat und somit nie zu er Einsicht gekommen ist, dass Drogen auch psychische Schäden nach sich führen. Er zog den kurzfristigen Rausch seiner Gesundheit vor.

Mit der Definition des Begriffs „Glück" entscheidet sich die Beurteilung des Szenarios, das zugleich ein Beitrag zu Platons einschlägigen Gattung der Utopie ist. Ist es wirklich erstrebenswert, alle "Probleme" (Krankheiten, Armut, Trauer, Liebeskummer, Konkurrenz...) aus der Welt zu schaffen? Wären die Menschen dann „glücklich"?

Huxley schrieb dieses Buch Anfang der dreißiger Jahre. In seinem Essayband „Dreißig Jahre danach" (‚Brave New World Revisited‘) konnte er seine Anti-Utopien an der inzwischen veränderten Welt messen. Er kommt darin zu folgendem Ergebnis: sozialer und technischer Fortschritt und verfeinerte Methoden der psychologischen Manipulation lassen erwarten, dass diese grausige Voraussage sich in einem Bruchteil der veranschlagten Zeitspanne verwirklichen werde.

Der Aufsatz ‚Wiedersehen mit der Schönen neuen Welt‘ von Huxley hätte eigentlich noch viel mehr Aufmerksamkeit verdient, als sein Roman Schöne neue Welt. Denn hier werden die Gründe für seinen Roman klar benannt, hier erklärt er in sachlicher und gut verständlicher Form den Diktaturtypus seiner Schönen neuen Welt. Es steht außer Zweifel, dass die Diktaturen der offenen Gewalt langsam der psychischen Versklavung weichen werden

Aldous Huxley hat mit diesem Roman unserer Meinung nach keine so einfache Lektüre geschaffen, welches kein Buch ist, das vor dem Schlafengehen gelesen werden kann. Man muss hellwach sein, um diesen Werk zu begreifen, denn oft kommt es vor, dass man dem Autor schwer folgen kann. Wir würden diesen Roman nicht als ‚spannend‘ und auch nicht ‚packend‘ bezeichnen. Doch was einem beim Lesen beeindruckt ist, dass man, unabhängig an welcher Stelle des Buches man gerade liest, das Ende nicht vorhersehen und nicht erraten kann. Am Anfang kostet es einem schon etwas Überwindung weiter zu lesen, weil fast die Hälfte des Werkes meist aus langen Erklärungen besteht. Doch diese Mühe zahlt sich aus und somit kann dieses Buch nur weiterempfohlen werden.

11)   Literaturverzeichnis

a) Primärliteratur

- Huxley, Aldous. Schöne neue Welt. Ein Roman der Zukunft, aus dem Engl. von Uda Strätling, Frankfurt am Main: Fischer Verlag 2013.

b) Sekundärliteratur

- Bode, Christoph. Aldous Huxley: Brave New World. Text und Geschichte. Modellanalysen zur englischen und amerikanischen Literatur. München: Wilhelm Fink Verlag, 1993.

- Heßler, Martina; Kulturgeschichte der Technik. Historische Einführungen, Frankfurt am Main: Campus Verlag, 2012.

- Imig, Ulrich. Brave New World. *Lehrerhandreichungen*. Longman Study Texts, München: Langenscheidt-Longman, 1990.

- Mamerow, Simon; Entscheiden und Wirtschaften. Eine Analyse des wirtschaftlichen Alltags unter anthropologischem Blickwinkel, Hamburg: Diplomica Verlag: 2012.

- http://wirtschaftslexikon.gabler.de/Definition/taylorismus.html#definition (Juli 2014)

- Bildquellen:
  http://www.fischerverlage.de/buch/schoene_neue_welt/9783596950157 (Juli 2014)
  http://www.theguardian.com/books/2011/apr/12/brave-new-world-challenged-books (Juli 2014)